ANALIZA KSIĄŻKI

AF125932

Atak

• • • • • • • • • • • • •

YASMINA KHADRA

ANALIZA KSIĄŻKI

Napisany przez David Noiret
Przetłumaczony przez Kâmil Kowalski

Atak

• •

YASMINA KHADRA

YASMINA KHADRA

ALGIERSKI ŻOŁNIERZ I PISARZ

- **Urodził się w Kenadsa (Sahara Algierska) w 1955 roku.**
- **Godne uwagi prace:**
  - *Jaskółki z Kabulu* (2002), powieść
  - *Syreny z Bagdadu* (2006), powieść
  - *Co dzień zawdzięcza nocy* (2008), powieść

Yasmina Khadra to pseudonim Mohammeda Moulessehoula, który stworzył go wykorzystując dwa imiona swojej żony. Khadra jest jednym z najbardziej wpływowych algierskich autorów działających obecnie, pisze po francusku. Urodził się 10 stycznia 1955 roku w Kenadsa, na Saharze Algierskiej. Zanim został powieściopisarzem, służył jako oficer w armii algierskiej i brał udział w wojnie z terroryzmem. Odszedł z wojska w 2000 roku, by poświęcić się w pełni pisaniu.

Do jego najbardziej znanych dzieł należą *Jaskółki z Kabulu* i *Syreny z Bagdadu,* które wraz z *Atakiem* (2005) tworzą luźno powiązaną trylogię skupiającą się na napięciu między Wschodem a Zachodem, a także *Co dzień zawdzięcza nocy, która w* 2012 roku doczekała się adaptacji filmowej.

ATAK

NA LINII FRONTU KONFLIKTU IZRAELSKO-PALESTYŃSKIEGO

- **Gatunek:** powieść

- **Wydanie referencyjne:** Khadra, Y. (2007) *The Attack*. Cullen, J. Tłum. Londyn: Vintage.

- **Pierwsze wydanie:** 2005 r.

- **Tematy:** miłość, przemoc, nienawiść, konflikt izraelsko-palestyński, religia, wielokulturowość

Atak został po raz pierwszy wydany w języku francuskim w 2005 roku, a w następnym roku został przetłumaczony na język angielski. Otrzymał kilka nagród literackich, w tym Prix des Libraires w 2006 roku. Narratorem powieści jest Amin, chirurg pracujący w Tel Awiwie, zniszczonym przez konflikt izraelsko-palestyński. Po samobójczym zamachu w centrum miasta dowiaduje się, że zamachowcem był nie kto inny jak jego żona Sihem, która chciała zginąć za sprawę palestyńską. Jego świat wywraca się do góry nogami, a od tego momentu jego życie definiuje walka o zrozumienie, co mogło skłonić ją do popełnienia tak strasznego czynu.

Mimo że powieść czerpie z rzeczywistości politycznej i kulturowej, która do dziś dzieli opinię publiczną na całym świecie, nie staje po stronie konfliktu: zamiast tego maluje obraz ludzkości poprzez życie ludzi uwikłanych w jego środek.

PODSUMOWANIE

STRASZNY SZOK

Szpital w Tel Awiwie jest pogrążony w chaosie w związku z zamachem samobójczym, który właśnie miał miejsce w restauracji w dzielnicy Hakirya. Atak zebrał obfite żniwo: zginęło 19 osób, a wiele innych zostało rannych. Amin Jaafari, palestyński chirurg, dobrze zintegrowany ze społecznością żydowską w Izraelu, przez całą noc przeprowadza operacje na ocalałych. Kiedy wraca do domu, Navid Ronnen, przyjaciel, który służy w policji, mówi mu, że jest potrzebny w szpitalu. Ku jego ogromnemu zaskoczeniu i przerażeniu, zostaje poproszony o zidentyfikowanie szczątków swojej żony, Sihem, która prawdopodobnie była zamachowcem. Amin mdleje z szoku.

Amin jest podejrzewany o bycie wspólnikiem i zostaje zatrzymany. Jest przesłuchiwany przez kapitana Moshé, ale ostatecznie zostaje uwolniony dzięki Navidowi. Kilka dni później zostaje pobity przez grupę młodych Izraelczyków, którzy oskarżają go o bycie zdrajcą, a jego koleżanka Kim Yehuda pozwala mu na chwilę zatrzymać się u siebie. Amin targany pytaniami i wątpliwościami nie jest w stanie przyjąć do wiadomości, że jego żona mogła zaaranżować zamach samobójczy, aż do momentu, gdy znajduje w domu list wysłany z Betlejem. W liście Sihem błaga go o przebaczenie. Postanawia zebrać swoje rzeczy i wyjechać do Palestyny w poszukiwaniu jakichkolwiek znaków, które wcześniej mógł przeoczyć, a które pozwoliłyby mu zrozumieć motywy żony.

ŚLADAMI SIHEM

Kim postanawia pomóc Aminowi w poszukiwaniu prawdy i towarzyszy mu w podróży do Jerozolimy i Betlejem, gdzie Sihem przebywała przed atakiem.

W Betlejem Amin łączy się ze swoją przybraną siostrą, Leilą, i jej mężem Yasserem. Są oni dumni z działań Sihem, podobnie jak wszyscy inni mieszkańcy miasta. Będąc w ich domu, Amin zauważa kremowego mercedesa, do którego według świadka wsiadała jego żona w czasie, gdy powiedziała mu, że złapie autobus do Kafr Kanna.

Amin kilkakrotnie odwiedza Wielki Meczet, w którym w noc poprzedzającą zamach Imam Marwan pobłogosławił Sihem. Uzbrojona grupa islamistów utrudnia mu jednak próby nawiązania kontaktu z imamem, ponieważ uważa go za zdrajcę – nie jest mile widziany na palestyńskiej ziemi, gdyż poszukują go siły izraelskie. Jednak jego wytrwałość w końcu się opłaca i udaje mu się porozmawiać z religijnym przywódcą. Spotkanie między nimi jest napięte. Właśnie wtedy jego dom w Tel Awiwie zostaje zdewastowany.

W końcu Amin zostaje porwany przez islamską komórkę terrorystyczną. Zostaje postawiony przed jednym z ich przywódców, który mówi, że jest zaszczycony obecnością męża zamachowca samobójcy. Jednak ich sprawa jest sprzeczna ze wszystkim, w co wierzy Amin: podczas gdy przywódca terrorystów wybrał drogę przemocy i zniszczenia, Amin wybrał drogę uzdrowienia i życia.

W SAMYM SERCU KONFLIKTU

Po spotkaniu z przywódcą terrorystów, Kim i Amin wracają do Tel Awiwu. Amin wraca do domu i rozpoczyna długi proces porządkowania swojego domu i swoich myśli. Nagle coś sobie przypomina: ostatnie słowa, jakie powiedziała mu Sihem, a mianowicie, że nie lubi zostawiać go samego i że to będzie dla niej wieczność. Uświadamia sobie, że w ten sposób chciała mu powiedzieć, że już nigdy się nie zobaczą: to był znak, którego wtedy nie rozpoznał i którego od tamtej pory szukał. Amin przegląda album ze zdjęciami i widzi zdjęcie swojego siostrzeńca Adela stojącego obok Sihem, choć nie wiedział, że kiedykolwiek się spotkali. Amin na nowo odczuwa głód prawdy i postanawia kontynuować swoje śledztwo, udając się do Kafr Kanna, gdzie dowiaduje się, że jego żona mogła mieć romans z Adelem.

Amin śledzi Adela do Jenin, miasta, w którym się wychował i miejsca jednych z najkrwawszych starć między izraelskimi siłami zbrojnymi a palestyńskimi komórkami oporu. Po drugiej stronie muru dzielącego obie społeczności na Zachodnim Brzegu zostaje skonfrontowany z pełną skalą okropności wojny i dowiaduje się więcej o działaniach Sihem. Od dawna planowała ona atak, a nawet organizowała w ich domu spotkania dla zwolenników sprawy palestyńskiej.

ŚWIAT, W KTÓRYM ŚMIERĆ JEST CELEM SAMYM W SOBIE

W Jenin Amin łączy się z rodziną, w tym swoim kuzynem Jamilem, który jest w stanie umieścić go w kontakcie z Adelem. Amin zostaje podejrzany o bycie szpiegiem Szin Bet (izraelskiego kontrwywiadu), zostaje schwytany i postawiony przed grupą mudżahedinów, którzy szybko uświadamiają mu, jak bardzo jest bezsilny i uczą go prawdziwego znaczenia nienawiści i upokorzenia. Przez sześć dni dręczą go groźbą rychłej egzekucji, ale siódmego dnia zostaje uwolniony, na co patrzy Adel. Adel opowiedział się po stronie islamu i wyjaśnia Aminowi, jak wszystko się zaczęło, a także zapewnia go, że on i Sihem nigdy nie mieli romansu.

Jednak punkty widzenia obu mężczyzn są nie do pogodzenia: "Nie pasuję do świata, który on opisuje. Tam śmierć jest celem samym w sobie. Dla lekarza to zbyt wiele do przełknięcia" (s. 229). W końcu Amin zostaje zabrany do Omra, patriarchy rodu Jaafari, przez jego wnuka Wissama. To wytchnienie jest jednak krótkotrwałe: Wissam sam dokonuje zamachu samobójczego, a wkrótce potem przyjeżdżają izraelskie buldożery, by zrównać z ziemią dom Omra, by mogli się w nim osiedlić żydowscy kolonizatorzy. Cała rodzina zostaje ewakuowana, a wnuczka Omra, Faten, znika wkrótce potem.

Amin dowiaduje się, że została zabrana do meczetu w Dżeninie, aby otrzymać błogosławieństwo szejka Marwana, wpływowego człowieka, który budzi wielki szacunek ze względu na swój wiek i kontakty, który agituje wśród Palestyńczyków i zachęca ich do walki z Izraelem zamiast biernego przyglądania się. Amin jedzie do Dżeninu, desperacko poszukując Faten, aby zapobiec kolejnemu zamachowi samobójczemu. Jest jednak za późno: kazanie przerywa alarm drona, pocisk eksploduje w pobliżu samochodu szejka, a Amin zostaje ranny w eksplozji. Gdy leży na granicy śmierci, ma wizję swojego młodszego, szczęśliwszego ja. Otrzymuje pierwszą pomoc i zostaje przewieziony do szpitala, ale wysłani na miejsce zdarzenia ratownicy medyczni nie są w stanie uratować mu życia.

STUDIUM POSTACI

AMIN JAAFARI

Amin Jaafari jest głównym bohaterem i narratorem powieści. Mieszka w Tel Awiwie, stolicy Izraela, i pracuje jako chirurg. Symbolizuje udaną integrację Palestyńczyka w Izraelu, gdyż jest szanowany w regionie, a jego renoma sięga aż do Palestyny. Dzięki swojej pracy może wieść wygodne życie klasy średniej i jest właścicielem okazałego domu w jednej z najlepszych dzielnic Tel Awiwu. Ma solidne wsparcie w postaci przyjaciela Navida Ronnena, kolegi Kima Sehudy i szefa Ezry Benhaima, z którym jest w bliskich stosunkach. Tymczasem inny kolega, Ilan Ros, pomógł mu znaleźć drugi dom na wybrzeżu w pobliżu Aszkelonu. Wszystko to świadczy o tym, że Amin przed atakiem był dobrze zasymilowany w izraelskim społeczeństwie.

Jako chirurg codziennie ratuje życie swoim pacjentom i jest dobry w tym, co robi. W jego oczach ludzkie życie jest warte więcej niż jakakolwiek sprawa: "Nienawidzę wojen, rewolucji i tych dramatów odkupieńczej przemocy [...] jestem chirurgiem" – mówi (s. 167).

Amin jest synem Beduina, ma arabskie i muzułmańskie korzenie. Jako osoba niewierząca, mieszkająca w żydowskim państwie Izrael, znajduje się na skrzyżowaniu dwóch narodów. Nie interesuje się osobiście konfliktem izraelsko-palestyńskim, dopóki nie odkrywa, że jego żona oddała życie w jego imię. Byli małżeństwem od 15 lat i nie byli praktykującymi muzułmanami, choć Sihem przestrzegała Ramadanu. Zdaje sobie sprawę, że do tej pory znał tylko wyidealizowaną wersję swojej żony, która istniała wyłącznie w jego umyśle: "Teraz, gdy o tym myślę, jak mogłem ją przeżyć, skoro nigdy nie przestałem o niej marzyć?" (p. 184).

Amin ma silne poczucie honoru, które popycha go do poszukiwania prawdy o swojej żonie. W ten sposób wchodzi w kontakt z fundamentalistami, narażając przy tym własne życie. Powieść ma narrację okrężną – zarówno scena początkowa, jak i końcowa opisują apokaliptyczną rzeź, jaka dokonuje się po wysadzeniu w powietrze samochodu szejka Marwana. Amin może być obcy dla konfliktu, ale trafia na linię frontu horroru ogarniającego jego ojczyznę i ginie w wyniku ataku izraelskiego drona.

SIHEM

Sihem była żoną Amina, dopóki nie zabiła się w samobójczym zamachu bombowym w Tel Awiwie. Nie pojawia się w powieści poza wspomnieniami i opisami Amina i innych bohaterów.

Portret, jaki maluje jej mąż, zmienia się w trakcie powieści i staje się coraz bardziej sprzeczny. Choć dzieciństwo w Palestynie było trudne, Sihem jest opisywana jako szczęśliwa, choć powściągliwa. Sihem i Amin byli kochającym się małżeństwem: łączyła ich silna więź, często razem podróżowali i mieli duże grono przyjaciół. W sumie wiedli szczęśliwe życie w Izraelu.

Jednak zamach samobójczy ujawnia, że pozory mogą mylić, a Amin odkrywa zupełnie inną stronę charakteru swojej żony, która staje się jeszcze ostrzejsza, gdy spotyka Adela, który mówi mu: "Sihem nie była pewna, czy zasłużyła na swoje szczęście […] chciała zasłużyć na życie, zasłużyć na swoje odbicie w lustrze […], a nie tylko cieszyć się swoim szczęściem" (s. 227-228). Następnie dodaje: "Sihem czuła się bliższa swoim ludziom niż w twoim wyobrażeniu o niej. Może była szczęśliwa, ale nie dość szczęśliwa" (s. 227).

ADEL

Adel jest synem Yassera i Leili, siostry Amina, co czyni go bratankiem chirurga. Nazywa Amina "Ammu" ("wujkiem"). Amin wierzy, że jego bratanek jest honorowym, pełnym dobrych intencji młodym człowiekiem, dopóki nie odkrywa prawdy: że Adel należy do grupy islamistów, którzy walczą o sprawę palestyńską. Adel ma dwadzieścia lat i darzy wielkim szacunkiem Sihem, która "adoptowała go bez walki" (s. 128) i oddała życie za ich wspólną sprawę. Amin podejrzewa go zatem o romans z żoną, ale Adel kategorycznie zaprzecza temu oskarżeniu.

Amin poznaje Adela dopiero pod koniec powieści, gdy ten zostaje porwany przez terrorystów. Ich konfrontacja, która była celem wszystkich podróży Amina po terytorium Palestyny, stanowi emocjonalne sedno powieści. Czytelnik odkrywa, że Adel i jego wuj mają całkowicie przeciwstawne światopoglądy: ten pierwszy poświęca się walce o wolność swojego narodu, podczas gdy ten drugi uważa, że życie jednostki jest warte więcej niż jakakolwiek sprawa. Odrzuca świat Adela, w którym "śmierć jest celem samym w sobie"

(s. 229). Obaj mężczyźni nie potrafią znaleźć wspólnej płaszczyzny porozumienia, a ich spotkanie kończy się rozczarowaniem i wyobcowaniem.

KIM SEHUDA

Kim Sehuda jest przyjaciółką, koleżanką po fachu i starą znajomą Amina, którego poznała podczas studiów. Jest "piękna, spontaniczna i o wiele bardziej otwarta niż inni studenci, którzy musieli kilka razy ugryźć się w język, zanim poprosili Araba o światło, nawet jeśli był on błyskotliwym studentem i przystojnym chłopakiem" (s. 9). W czasie studiów krótko flirtowali, ale Kim poznała Rosjanina i zakochała się w nim bez pamięci. On zaś opuścił ją bez żadnego ostrzeżenia, by wrócić do swojego kraju.

Owe flirty przerodziły się w końcu w silną przyjaźń. Dzień po tym, jak życie Amina wywraca się do góry nogami, Kim bierze go pod swoje skrzydła: pozwala mu zamieszkać u siebie, próbuje go przekonać, opiekuje się nim po tym, jak zostaje zaatakowany, a w końcu towarzyszy mu w jego podróżach, mimo jego napadów złości i niebezpiecznej misji. Zabiera Amina na wybrzeże, by odwiedzić dziadka, co ma być wytchnieniem od zgiełku Tel Awiwu, a także pozostaje u jego boku podczas lekkomyślnej wyprawy do Betlejem. Po ich pierwszej podróży śladami Sihem wycofuje się, pozostawiając Amina samego, i znika w ostatniej części powieści.

W sumie Kim jest lojalną, oddaną przyjaciółką o "szczodrym sercu" (s. 9), która towarzyszy Aminowi w jego śledztwach tak długo, jak jest w stanie.

NAVID RONNEN

Navid Ronnen jest wysokim urzędnikiem w policji w Tel Awiwie. Jego pogodne usposobienie i poczucie humoru czynią go jednym z "najbardziej ujmujących pacjentów" Amina (s. 26). Po tym jak Amin przeprowadził udaną operację na matce Navida, ich relacja rozkwitła w prawdziwą przyjaźń.

Navid jest z pochodzenia Izraelczykiem i doskonale zdaje sobie sprawę z realności sytuacji w swojej ojczyźnie. Dzięki swojej pracy ma regularny kontakt z "wieloma przestępcami […] i wieloma zwykłymi psychopatami" (s. 92), w tym z terrorystami. Podobnie jak Kim, Navid zawsze jest gotów pomóc Aminowi, pomimo jego temperamentu i nieufności – w rzeczywistości Navid ratuje go przy dwóch różnych okazjach, i nie jest jedynym, który to robi. Kiedy Amin załamuje się na wieść o tym, co zrobiła Sihem, Navid mówi o swojej niemożności zrozumienia jej motywacji:

> "Jak do cholery możliwe jest, aby zwykły człowiek, zdrowy na ciele i umyśle, dokonał takiego wyboru? Czy ma fantazję lub halucynację, która przekonuje go, że otrzymał boską misję? Jak może porzucić swoje plany, marzenia, ambicje i zdecydować się na potworną śmierć pośród najgorszego rodzaju barbarzyństwa?" (p. 93)

Navid pomaga Aminowi przekroczyć granicę z Palestyną w jego ostatniej drodze, pomimo jego pozycji w policji.

FATEN

Faten Jaafari jest wnuczką Omra, patriarchy rodziny, i jest opisana jako "solidna, nieokrzesana młoda kobieta, ukształtowana przez całe życie wymagających zadań domowych i surowej egzystencji w enklawie" (s. 237).

Ma 35 lat i "miała aż zanadto nieszczęścia" (s. 237), ponieważ jej pierwszy mąż został zabity zaraz po ich ślubie, a jej drugi narzeczony zmarł kilka dni przed ich ślubem. Od tego czasu poświęciła swoje życie opiece nad Omrem: "Bez niej Omr nie dałby rady. Na początku inni członkowie rodziny zgodzili się nim zająć, ale on skończył zaniedbany" (s. 249-250).

Już wcześniej była wrogo nastawiona do Izraelczyków, uważając, że "nie mają więcej serca niż ich [buldożery]" (s. 248), ale kiedy dom jej dziadka zostaje zniszczony, ta wrogość ulega zwapnieniu w jawną nienawiść. Następnego dnia Faten znika bez śladu, wyjechała, by walczyć o sprawę palestyńską. Amin zdaje sobie sprawę, że Faten opuściła rodzinę, by stać się męczennicą i wyrusza na jej poszukiwanie do Dżeninu, gdzie ginie w ataku na miejski meczet.

ANALIZA

KONTEKST HISTORYCZNY I POLITYCZNY

Opowieść rozgrywa się w klimacie ciągłego napięcia między Żydami i Arabami, "dwoma narodami wybranymi, które wybrały, by zamienić ziemię błogosławioną przez Boga w pole horroru i wściekłości" (s. 166), o czym świadczy reakcja rannego w ataku Żyda, który odmawia leczenia przez Amina, ponieważ jest Palestyńczykiem.

Najważniejsze daty w konflikcie izraelsko-palestyńskim

- Pod koniec XIX wieku Palestyna znajdowała się pod okupacją osmańską. Jej mieszkańcy w 85% byli muzułmanami, w 10% chrześcijanami i w 5% Żydami.

- Po I wojnie światowej (1914-1918) kraj znalazł się pod mandatem brytyjskim.

- Podczas II wojny światowej (1939-1945) antysemityzm w postaci pogromów, a następnie Holokaustu – o którym wspomina w powieści dziadek Kima – dał początek syjonizmowi, ruchowi opowiadającemu się za utworzeniem państwa żydowskiego. Tysiące osób ocalałych z obozów koncentracyjnych wyemigrowały do Palestyny, by tam stworzyć narodową ojczyznę.

- W latach 30. XX wieku wybuchły pierwsze palestyńskie rebelie, które zostały stłumione przez okupacyjne siły brytyjskie.

- W 1947 roku Wielka Brytania wycofała się z konfliktu, a utworzona po II wojnie światowej ONZ opowiedziała się za podziałem Palestyny na dwa odrębne narody: żydowski i arabski. Tymczasem Jerozolima została uznana za terytorium międzynarodowe, jako miasto zamieszkałe zarówno przez dużą liczbę chrześcijan, Żydów, jak i muzułmanów "ze swoimi minaretami i wieżami kościołów" (s. 141).

- Izrael ogłosił niepodległość 14 maja 1948 roku. Dzielił granice z Egiptem i Strefą Gazy na południowym zachodzie, z Jordanią i Zachodnim Brzegiem Jordanu na wschodzie, z Libanem na północy i z Syrią na północnym wschodzie.

- W 1949 roku Izrael został członkiem ONZ. W tym momencie Gaza i Zachodni Brzeg były pod kontrolą arabską. Ponieważ żadna ze stron nie była zadowolona z planu ONZ dotyczącego podziału kraju, wybuchła wojna domowa, która wkrótce przerodziła się w wojnę międzynarodową.

- W 1964 roku powstała Organizacja Wyzwolenia Palestyny (OWP), której przewodniczącym w 1969 roku został Jasir Arafat (palestyński mąż stanu, 1929-2004). W 1996 roku został prezydentem Autonomii Palestyńskiej.

- W 1993 r. porozumienia z Oslo przewidywały utworzenie niepodległego państwa palestyńskiego.

- W 2002 roku na długości granicy Zachodniego Brzegu zainstalowano barierę bezpieczeństwa, osłaniającą około 15% znajdujących się tam kolonii żydowskich. Deklarowanym celem tego muru jest zapobieganie palestyńskim atakom terrorystycznym, i jest on kilkakrotnie wspominany w powieści:

> *"Niemniej jednak widziałem wiele rzeczy, odkąd przeszedłem na drugą stronę Muru: małe wioski w stanie oblężenia; punkty kontrolne na każdej drodze dojazdowej; większe drogi zaśmiecone zwęglonymi pojazdami wysadzonymi przez drony; kohorty potępionych, ustawione w kolejce i czekające na swoją kolejkę, by zostać sprawdzonym, zepchniętym i często zawróconym."* (p. 200)

Nawiązania historyczne w powieści

Ta powieść nie jest czystą fikcją, ale jest oparta na faktach historycznych, dając czytelnikowi wiele do myślenia na temat konfliktu izraelsko-palestyńskiego. Opowieść odzwierciedla rzeczywistość historyczną, wspominając o osobach i ruchach, które bezpośrednio wpłynęły na przebieg wojny i ją ukształtowały.

W związku z tym historia Amina jest zakotwiczona w bardzo konkretnym kontekście i mogła realistycznie rozgrywać się w czasie Drugiej Intifady (2000-2004). Intifada, która jest arabskim słowem oznaczającym w dosłownym tłumaczeniu "wstrząs", odnosi się do palestyńskiej rebelii przeciwko izraelskiej okupacji. Konflikt ten został również nazwany "kamienną wojną", nazwa ta jest przywoływana, gdy dzieci kamieniują izraelskie samochody.

W rewoltę tę zaangażowane były dwa główne ugrupowania: Islamski Dżihad, grupa nacjonalistyczna, którą kluczowe państwa członkowskie ONZ uznają za organizację terrorystyczną, oraz Hamas, ruch islamski, który składa się ze skrzydła politycznego i paramilitarnego, działa głównie w Strefie Gazy i dąży do likwidacji państwa Izrael.

Zaangażowane były także inne organizacje działające na rzecz niepodległości Palestyny, a *Atak* skupia się na działaniach Brygad Męczenników Al-Aksy, które są jedną z bojówek wspierających frakcję Fatah, palestyński ruch polityczny i wojskowy założony w 1959 roku przez Jasira Arafata.

Powieść nawiązuje również do jednej z najbardziej wpływowych postaci w historii Izraela: Ariela Sharona (izraelski generał i polityk, 1928-2014), który był uważany za najskuteczniejszego dowódcę armii izraelskiej. Pełnił również funkcję premiera Izraela w latach 2001-2006 w ramach prawicowego rządu.

W fabule powieści ważną rolę odgrywa również Szin Bet, izraelska agencja kontrwywiadowcza, znana również jako Szabak. Członkowie grup terrorystycznych faktycznie oskarżają Amina o działanie na zlecenie agencji, ponieważ pracuje ona nad wykrywaniem i zapobieganiem wszelkim atakom na izraelską ziemię.

NARRACJA POLIFONICZNA

Wiele punktów widzenia

Jednym z głównych zagrożeń związanych z pisaniem powieści na tak kontrowersyjny temat jest niezamierzone lub nieświadome zbytnie zbliżenie się do tematu i rozpoczęcie opowiadania się po stronie. Khadra unika jednak tej pułapki, wykorzystując wiele punktów widzenia. Podróż Amina prowadzi go zarówno przez Izrael, jak i Palestynę, a po drodze spotyka on wielu różnych ludzi zaangażowanych w konflikt i ich różne reakcje na niego:

- **Ignorancja**. Zanim został nim osobiście dotknięty, Amin należał do ludzi, którzy byli ignorantami na temat konfliktu, a dokładniej – przymykali oko na "traumatyczne wydarzenia, które podkopały nadzieje na pojednanie między dwoma wybranymi narodami, które wybrały, by zamienić ziemię błogosławioną przez Boga w pole horroru i gniewu" (s. 166). Początkowo chirurg reprezentuje część społeczeństwa, która niekoniecznie jest obojętna na konflikt, ale nie ma w nim osobistego udziału. Pozostaje na uboczu, nie "pochwala walczących po jednej stronie ani nie potępia walczących po drugiej [ponieważ] wszyscy oni podzielają postawę, którą on uważa za bezsensowną i przygnębiającą" (*ibid.*). Ci ludzie próbują po prostu żyć swoim życiem, a przynajmniej przetrwać. Amin nie jest jednak całkowicie bierny: "Zamiast nadstawiać drugi policzek lub walczyć, wybrałem opiekę nad pacjentami" (*tamże).*

- **Nieufność i rasizm**. Dekady krwawego konfliktu stworzyły klimat, w którym panuje nieufność i rasizm. Amin regularnie musiał stawiać czoła rasizmowi podczas swojego pobytu w Izraelu, od czasów uniwersyteckich po dzień dzisiejszy: "Zbyt świadomy stereotypów, które naznaczają mnie na placu publicznym, staram się je przezwyciężać, jeden po drugim, robiąc to, co potrafię najlepiej i znosząc nieprzyjemności ze strony moich żydowskich towarzyszy" (s. 96-97). Na przykład Ilan Ros nigdy nie ufał Aminowi ze względu na jego pochodzenie i dlatego żywi do niego wielką zazdrość. Po zamachu ta paranoja tylko się nasila: Amin jest wielokrotnie zatrzymywany przez policję, a nawet nękany przez młodych Izraelczyków we własnym domu, a jednocześnie podejrzewany o działanie na zlecenie izraelskich służb specjalnych podczas pobytu w Palestynie.

- **Indywidualne zaufanie**. Pomimo brutalnego konfliktu, niektórzy bohaterowie są w stanie spojrzeć poza uogólnienia i uprzedzenia i ocenić każdą jednostkę na podstawie jej własnych zasług, uznając je za niezależne istoty, które zasługują na to, by dać im kredyt zaufania, bez względu na to, co myślą o nich wszyscy inni. W przypadku Amina ludzi tych można podzielić na dwie główne grupy: jego przyjaciół (Kim, Navid, Ezra Benhaim i szklarz) oraz pacjentów. Ze swoimi przyjaciółmi jest bardzo zżyty: Ezra Benhaim, dyrektor szpitala, od samego początku wspierał Amina, "aby trzymać [jego] krytyków na dystans" (s. 7). Beduińskie korzenie Amina nie mają dla niego znaczenia, ponieważ jego wartość potwierdza jego sprawność jako chirurga. Tymczasem pacjenci Amina widzą w nim chirurga, który ich leczył, a w niektórych przypadkach uratował im życie: jego umiejętna praca pozwala im ominąć wszelkie rasistowskie uprzedzenia i oceniać go na podstawie jego umiejętności, a nie pochodzenia. W rzeczywistości, kiedy Ilan Ros rozpoczyna cieszącą się ogromną popularnością petycję, aby zabronić Aminowi powrotu do szpitala, wielu jego byłych pacjentów protestuje przeciwko temu. W ten sposób szpital zostaje zapędzony w kozi róg, pomiędzy sygnatariuszami z jednej strony, a byłymi pacjentami Amina z drugiej.

- **Pasywne zaangażowanie**. Inna duża część populacji należy do tej kategorii, w której jednostka staje po stronie swojej ojczyzny: na przykład obywatel Izraela może zostać podsłuchany, gdy mówi: "Palestyńczycy nie chcą słuchać rozumu" (s. 64). Tymczasem wielu Palestyńczyków mówi Aminowi, że są dumni z ofiary Sihem, w tym Yasser i jego żona Leila, przybrana siostra Amina, a ich syn zwierza się Aminowi, że "oni też są bojownikami, na swój sposób" (s. 226). Jednak przyjęcie takiej nacjonalistycznej postawy niekoniecznie przekłada się na działania.

- **Aktywne, często gwałtowne zaangażowanie**. Dla niektórych osób ich zaangażowanie w sprawę jest bardzo realne i opiera się na działaniu. Często należą one do organizacji takich jak Islamski Dżihad, Hamas czy Brygady Męczenników Al-Aksa, którym przeciwstawia się policja i izraelskie służby specjalne. Obie strony od wielu lat są uwikłane w grę w kotka i myszkę, a wynikająca z niej przemoc jest nieunikniona. Na przykład, gdy szejk Marwan wzywa Palestyńczyków do przyłączenia się do sprawy i walki, izraelskie służby specjalne rozpoczynają atak na prowadzoną przez niego służbę. Dowódca, z którym Amin spotyka się w pobliżu Jeninu, wyjaśnia, jak postrzega problem:

> *"Problem, doktorze, polega na tym, że inni ludzie odmawiają [młodym Palestyńczykom] tych marzeń. Inni ludzie próbują zamknąć ich w gettach, aż zostaną w nich uwięzieni na dobre. I to jest powód, dla którego wolą umrzeć. Kiedy marzenia zostają odrzucone, śmierć staje się ostatecznym wybawieniem." (p. 220)*

Adel, Sihem i Wissam są oddani sprawie palestyńskiej, a dwaj ostatni posuwają się nawet do poświęcenia za nią życia.

Istnieje cienka granica między pasywnym a aktywnym zaangażowaniem, czego przykładem jest postać Faten: wiedzie ona stosunkowo spokojne życie w palestyńskiej wiosce, ale zostaje zmuszona do przejścia z pasywności do aktywnego zaangażowania, gdy jej dom zostaje zniszczony w wyniku izraelskich działań odwetowych.

Introspekcja

Poszukiwanie prawdy przez Amina ujawnia, że jest on człowiekiem głęboko humanistycznym, popierającym przesłanie pokoju i tolerancji. Również inni bohaterowie, zarówno Izraelczycy jak i Palestyńczycy, zastanawiają się nad bezsensownością konfliktu, który Navid opisuje w następujący sposób:

> *"Jak tylko zbierzemy naszych zabitych, nasi przywódcy wysyłają helikoptery, by zadymić kilka arabskich ruder. Potem, właśnie wtedy, gdy rząd szykuje się do ogłoszenia zwycięstwa, świeży atak ustawia zegar do tyłu. Jak długo to może trwać?" (p. 64)*

Kiedy Amin przekracza granicę na Zachodnim Brzegu, spotyka Zeeva, pustelnika, z którym długo rozmawia. Z ich rozmów wyłania się jedna szczególna prawda: "Każdy Żyd w Palestynie jest trochę Arabem, a żaden Arab w Izraelu nie może zaprzeczyć, że jest trochę Żydem. [...] Skąd więc tyle nienawiści między krewnymi?" (s. 242).

Powieść bada różne postawy zarówno po stronie izraelskiej, jak i palestyńskiej. Obie strony, pogrążone w konflikcie bez perspektyw na rozwiązanie, utrwalają niekończący się cykl przemocy, nigdy nie patrząc na szerszą perspektywę. Podkreśla również coś innego, co łączy oba narody: niezliczone ofiary, które zginęły po obu stronach. Polifoniczne podejście do powieści daje więc czytelnikowi istotny materiał do przemyśleń.

FORMA

Techniki stylistyczne

W powieści zastosowano narrację okrężną, w której scena początkowa i końcowa to jedno i to samo: narrator zostaje wciągnięty w wybuch, gdy samochód szejka Marwana staje się celem ataku. Jest to sposób na zaskoczenie czytelnika, ponieważ powieść daje mu poczucie déjà vu, gdy dociera do końcowych stron, a także przypomina mu, jak to wszystko się zaczęło. Jest to również sposób autora na pokazanie, że historia kończy się tam, gdzie się zaczyna, a więc jest samodzielną całością.

Jednak ta powieść dodaje kolejny wymiar do tej techniki, zaskakując czytelnika na drugi sposób, ponieważ będzie on skłonny uwierzyć, że pierwszy wybuch jest tym, do którego nawiązuje tytuł. Jednak tytułowy atak faktycznie ma miejsce dopiero w następnym rozdziale, co zaskoczy czytelnika i zmusi go do zrewidowania swoich początkowych oczekiwań. Oznacza to, że można uznać, że tytuł ma wiele równie ważnych znaczeń.

W rzeczywistości pierwsze strony powieści przedstawiają koniec historii, kiedy narrator, Amin Jaafari, zostaje przypadkowo zabity. Ta technika narracyjna znana jest jako flashforward lub prolepsis i polega na przedstawieniu wydarzeń, które w rzeczywistości nie mają miejsca aż do znacznie późniejszego etapu historii. W tym przypadku kolejne rozdziały mają miejsce przed śmiercią Amina i śledzą ostatnie tygodnie jego życia, kiedy dowiaduje się o pierwszym ataku, odkrywa udział swojej żony i rozpoczyna śledztwo.

Z perspektywy tematycznej cel podkreślenia tego jednego wydarzenia jest dwojaki:

- **Powtórzenie**. Wybuchy i izraelskie naloty dronów powtarzają się, sprawiając wrażenie, że ataki nigdy się nie skończą po obu stronach muru.

- **Echo**. Końcowa eksplozja jest echem ataku spowodowanego przez Sihem na początku powieści. Oba narody są bezpośrednio skonfrontowane z okropnościami wojny domowej. Ból i cierpienie, jakie ponoszą Izraelczycy i Palestyńczycy, również odbijają się echem: gdy jednej stronie zostanie zadany cios, nie minie wiele czasu, gdy druga strona będzie musiała stawić czoła odwetowi.

Powieść napisana jest w pierwszej osobie, co pozwala na pełniejsze skupienie się na osobistych poszukiwaniach jednego człowieka w środku złożonego konfliktu geopolitycznego. Amin jest więc świadkiem wydarzeń, które opisuje z pierwszej ręki, a powieść kończy się jego śmiercią. Ostatnie wersy książki wydają się być jego ostatnimi myślami, gdy wraca do czegoś, co kiedyś powiedział mu ojciec: "Mogą zabrać wszystko, co posiadasz – twój majątek, twoje najlepsze lata, wszystkie twoje radości, wszystkie twoje dobre uczynki, wszystko aż do ostatniej koszuli – ale zawsze będziesz miał swoje marzenia, więc możesz na nowo wymyślić swój skradziony świat" (s. 257).

Monolog wewnętrzny

Wykorzystanie monologu wewnętrznego sprawia, że czytelnik zanurza się w głębi umysłu głównego bohatera. Dając nam nieograniczony dostęp do jego najskrytszych myśli, granice stają się mgliste: słowa rozmywają się w myśli, a myśli w słowa. To przybliża nas do głównego bohatera i daje nam jego głębsze zrozumienie.

Składnia powieści służy również do podkreślenia braku rozróżnienia między narratorem a bohaterem. Narracja często przybiera formę strumienia świadomości, który charakteryzuje się krótszymi zdaniami i podąża za tokiem myśli Amina, nawet jeśli nagle skręca w innym kierunku: "Dokładnie w tym miejscu matka pochowała mojego martwo urodzonego szczeniaka. Mój żal był tak wielki, że płakała razem ze mną. Moja matka… dobroczynna dusza […]" (s. 239).

Co więcej, monolog wewnętrzny jest często wykorzystywany do poruszania konkretnych tematów, takich jak kwestionowanie, zmaganie się z własną tożsamością, poszukiwanie prawdy, wątpliwości, teoretyzowanie itd. Umysł Amina jest zalany wątpliwościami, niezrozumieniem i zaprzeczeniem, co sprawia, że jest on na zmianę pozbawiony głosu, zrozpaczony i doprowadzony do szaleńczego działania. Na przykład, kiedy Amin czyta list Sihem, mówi: "Moje ostatnie punkty odniesienia trafiły na pieprzoną drogę" (s. 70).

Ten wybór stylistyczny pozwala nam śledzić "bolesne poszukiwanie prawdy [które] było [jego] osobistą podróżą inicjacyjną" (s. 233) z pierwszej ręki, dając świadectwo wszystkim jego obawom, wątpliwościom i postępom. Czytelnik ma więc wszystkie informacje potrzebne do zrozumienia jego podróży, jego realizacji i rozwoju charakteru.

Język poetycki

Powieść jest przesycona metaforami, a język używany w niej przypomina poezję. Ten wybór stylistyczny zestawia formę powieści z jej treścią, ponieważ tematyka terroryzmu i śmiertelnej przemocy jest mroczna, tragiczna i ostatecznie prozaiczna. Technika ta stanowi echo kontrastu między pacyfizmem i oddaniem ludzkości bohatera, a palestyńskimi zamachami samobójczymi i celowymi atakami izraelskimi. Z tego kontrastu powstaje uderzająco piękna proza:

> *"Noc szykuje się do uderzenia w obóz, gdy świt niecierpliwi się u bram miasta. [...] Żaden ślad romantyzmu nie pozostaje na niebie, żadna chmura nie proponuje, by utemperować ognisty zapał nowo narodzonego słońca. Nawet gdyby jego światło miało być samym Objawieniem, nie ogrzałoby mojej duszy." (s. 34-35)*

Styl pisania Khadry pozwala czytelnikowi odczuć przeplatający się ból i piękno doświadczane przez bohaterów niemal jak własne. Khadra używa również wielu metafor związanych z morzem ("Daleko na morzu migocze liniowiec. Bliżej, fale rzucają się desperacko na skały. Ich szum rozbrzmiewa w mojej głowie niczym uderzenia kija", s. 52), co skutkuje romantycznym stylem pisania, który łączy naturalne obrazy z ludzkimi emocjami. Ten poetycki styl tworzy rodzaj tarczy ochronnej przed krwawą rzeczywistością wojny. Khadra stwierdził również, że napisał *Atak* "aby potępić absurdalność tej wojny, aby uświadomić ludziom tę ludzką tragedię i niesprawiedliwość, którą ona rodzi, aby podkreślić niespójność ideologii, które miażdżą duchy i przekształcają potężnych w prześladowców. Ponieważ nie ma nic ważniejszego niż życie jednostki, żadna doktryna, żadna ideologia, żadna sprawa nie ma pierwszeństwa przed prawem do życia. Co więcej, nic na Ziemi nie należy do nas, łącznie z naszymi ojczyznami i naszym dziedzictwem, ponieważ jedynym bogactwem, do którego możemy się prawomocnie domagać, jest nasze własne życie." (Urquiza, 2012). W ten sposób Khadra zajmuje stanowisko nie za lub przeciw którejś ze stron, ale przeciw samej naturze wojny.

DALSZA REFLEKSJA

KILKA PYTAŃ DO PRZEMYŚLENIA...

- Jakie jest według Ciebie przesłanie powieści *"Atak"*? Która postać służy do jego przekazania?

- Jaka jest Twoja interpretacja tytułu powieści?

- Wyjaśnij relację Amina ze swoim dziedzictwem. Czy wchodzi z nim w konflikt?

- "Zamiast nadstawiać drugi policzek lub walczyć, wybrałem opiekę nad pacjentami" (s. 166). Wykorzystaj ten cytat, który wypowiada Amin, do analizy tego, jak wielką wagę w powieści przywiązuje się do indywidualnego życia, w porównaniu z wagą, jaką przywiązuje się do walki o "większą" sprawę, taką jak wolność narodu.

- Porównaj przesłanie filmu *Atak* i następujący cytat Alberta Camusa (pisarz francuski, 1913-1960) dotyczący wojny algierskiej (1954-1962) podczas przemówienia z okazji przyjęcia Nagrody Nobla: "Ludzie podkładają teraz bomby w tramwajach w Algierze. Moja matka może być w jednym z tych tramwajów. Jeśli to jest sprawiedliwość, to wolę moją matkę" (Blincoe, 2013).

- Amin większą wartość przypisuje swojej miłości do żony niż wojnie toczonej w imię "wyższej" sprawy. Czy jest to postawa egoistyczna? Uzasadnij i rozwiń swoją odpowiedź, biorąc pod uwagę sposoby, w jakie miłość jest poruszana w powieści.

- Czy można być jednocześnie neutralnym i zaangażowanym, jak Amin, w każdej sytuacji? Wyjaśnij swoją odpowiedź.

- Porównaj sytuację w Tel Awiwie z sytuacją w Jerozolimie, Betlejem i Jeninie.

- Niektóre aspekty *Ataku* są typowe dla fikcji noir. W jakim stopniu książka zalicza się do tego gatunku literackiego? Uzasadnij swoją odpowiedź.

- Po obejrzeniu filmu porównaj jego strukturę narracyjną ze strukturą powieści. Jaką perspektywę przyjął reżyser? Czy Twoim zdaniem była to udana adaptacja?

DALSZE CZYTANIE

WYDANIE REFERENCYJNE

Khadra, Y. (2007) *The Attack*. Cullen, J. Tłum. Londyn: Vintage.

BADANIA REFERENCYJNE

Blincoe, N. (2013) Camus and the Algerian Revolution. *Asharq al-Awsat*. [Online]. [Dostęp 18 grudnia 2017]. Dostępny w: <https://eng-archive.aawsat.com/nicholas-blincoe2/lifesty-le-culture/jennacamus-and-the-algerian-revolution>.

Urquiza, L. (2012) Pisarz Yasmina Khadra odpowiada na pytania. *The World Bank*. [Online]. [Dostęp 18 grudnia 2017]. Dostępny w: <http://blogs.worldbank.org/youthink/fr/le-romancier-y-asmina-khadra-r-pond-vos-questions>

ADAPTACJE

Dauvillier, L. i Chapron, G. (2016) *Atak*. [Powieść graficzna]. Ontario: Firefly.

Atak. (2013) [Film]. Ziad Doueiri. Dir. Francja/Belgia/Katar/Egipt: Canal+.

Chcemy usłyszeć od Ciebie, co się dzieje!
Zostaw komentarz na temat swojej internetowej biblioteki
i podziel się swoimi ulubionymi książkami w mediach społecznościowych!

Wydawca zapewnia o wiarygodności publikowanych informacji, co jednak nie może wiązać się z jego odpowiedzialnością.

www.50minutes.com

Master ISBN: 9782808693493
Papierowy ISBN: 9782808614894
Depozyt prawny: D/2023/12603/1769

Verhaal: © Primento

Projekt cyfrowy: Primento, cyfrowy partner wydawców.